BEI GRIN MACHT SICH IHR WISSEN BEZAHLT

D1696633

- Wir veröffentlichen Ihre Hausarbeit,
  Bachelor- und Masterarbeit

- Ihr eigenes eBook und Buch -
  weltweit in allen wichtigen Shops

- Verdienen Sie an jedem Verkauf

Jetzt bei www.GRIN.com hochladen und kostenlos publizieren

Matthias Thielsch

Virales Marketing

GRIN Verlag

Bibliografische Information der Deutschen Nationalbibliothek:

Die Deutsche Bibliothek verzeichnet diese Publikation in der Deutschen National-
bibliografie; detaillierte bibliografische Daten sind im Internet über http://dnb.d-
nb.de/ abrufbar.

Dieses Werk sowie alle darin enthaltenen einzelnen Beiträge und Abbildungen
sind urheberrechtlich geschützt. Jede Verwertung, die nicht ausdrücklich vom
Urheberrechtsschutz zugelassen ist, bedarf der vorherigen Zustimmung des Verla-
ges. Das gilt insbesondere für Vervielfältigungen, Bearbeitungen, Übersetzungen,
Mikroverfilmungen, Auswertungen durch Datenbanken und für die Einspeicherung
und Verarbeitung in elektronische Systeme. Alle Rechte, auch die des auszugsweisen
Nachdrucks, der fotomechanischen Wiedergabe (einschließlich Mikrokopie) sowie
der Auswertung durch Datenbanken oder ähnliche Einrichtungen, vorbehalten.

Impressum:

Copyright © 2007 GRIN Verlag GmbH
Druck und Bindung: Books on Demand GmbH, Norderstedt Germany
ISBN: 978-3-638-92872-4

Dieses Buch bei GRIN:

http://www.grin.com/de/e-book/86975/virales-marketing

GRIN - Your knowledge has value

Der GRIN Verlag publiziert seit 1998 wissenschaftliche Arbeiten von Studenten, Hochschullehrern und anderen Akademikern als eBook und gedrucktes Buch. Die Verlagswebsite www.grin.com ist die ideale Plattform zur Veröffentlichung von Hausarbeiten, Abschlussarbeiten, wissenschaftlichen Aufsätzen, Dissertationen und Fachbüchern.

Besuchen Sie uns im Internet:

http://www.grin.com/

http://www.facebook.com/grincom

http://www.twitter.com/grin_com

Virales Marketing

Seminararbeit
im Fach Wissenschaftliches Arbeiten
der Fachhochschule Stuttgart – Hochschule der Medien

Matthias Thielsch

Studiengang Electronic Services

Abstract

Klassisches Marketing verliert an Effizienz, denn die Unternehmen sehen sich einer neuen „evolutionären" Entwicklung im Kommunikations- und Informationsverhalten ihrer Kunden gegenüber. Der Wandel des Internet von Content hin zur Partizipation lässt neue, organische Netzwerkstrukturen entstehen – kollektive Intelligenzen die Nachrichten epidemieartig verbreiten und die sich ihre eigene Meinung auf der Erfahrungsbasis ihrer Mitglieder bilden.

Virales Marketing ist ein logischer Schritt, diesen Entwicklungen zu begegnen.

Diese Arbeit soll zeigen durch welche Faktoren sich Meinungen und Nachrichten viral verbreiten, welchen Einfluss das Web 2.0 auf die kollektive Meinungsbildung hat, und welche neuen Instrumente Unternehmen zur Verfügung stehen, Einfluss darauf zu nehmen.

Schlagwörter: Virales Marketing, Mundpropaganda, Net Promoter Score, soziale Netzwerke, soziale Epidemien, Meinungsführer, Web 2.0, Weblog, Corporate Weblog

Inhaltsverzeichnis

Abbildungsverzeichnis

1   Einleitung

1.1   Zielsetzung

Das Ziel der vorliegenden Arbeit ist es, dem Leser oder der Leserin einen Überblick über die Notwendigkeiten und Möglichkeiten viraler Kommunikation zu verschaffen. Dabei wird eine Abgrenzung zu viraler Werbung vorgenommen, wie sie aktuell häufig in Form von Werbespielen oder Webefilmen im Internet anzutreffen ist. Nach Auffassung des Autors ist virale Werbung ein Instrument viralen Marketings, mit dem beispielhaft gezeigt werden kann, wie sich Werbung quantitativ in einem Netzwerk ausbreiten kann.

In dieser Arbeit werden soziologische Zusammenhänge kollektiver Meinungsbildung erläutert und erklärt, welchen Einfluss ein durch das Internet verändertes Kommunikationsverhalten darauf hat. Es soll gezeigt werden, wie Unternehmen an diesem neuartigen Meinungsbildungsprozess teilnehmen und das Meinungsverbreitungspotenzial ihrer Kunden feststellen können. Insbesondere wird untersucht wie durch Weblogs neue Netzwerkstrukturen im Internet entstehen und wie diese für die Unternehmenskommunikation genutzt werden können. Auf virale Werbung wird daher im Folgenden nicht eingegangen.

1.2   Aufbau der Arbeit

Diese Arbeit ist in vier Kapitel gegliedert.

Kapitel zwei beinhaltet einen Überblick über das Thema. Begriffliche Grundlagen werden erklärt und eine Abgrenzung zu viraler Werbung vorgenommen. Es wird auf die Bedeutung und Messbarkeit von Mundpropaganda eingegangen.

In Kapitel drei werden soziologische Hintergründe betrachtet, die viralen Effekten in sozialen Netzwerken zugrunde liegen.

Kapitel vier thematisiert virales Marketing im Internet. Es werden aktuelle Trends in der Internetkommunikation dargestellt und Möglichkeiten aufgezeigt, diese für das virale Marketing zu instrumentalisieren.

Kapitel vier umfasst ein abschließendes Resumé.

2   Überblick

2.1   Was ist virales Marketing

Da sich der Begriff „virales Marketing" bislang vornehmlich in der Praxis des Marketings verbreitet hat, gibt es unterschiedliche Vorstellungen von seiner Bedeutung. Im englischsprachigen Raum hat sich die Auffassung durchgesetzt, dass sich virales Marketing damit befasst, Markenbotschaften, Produktnachrichten und Innovationen so aufzubereiten, dass sie sich durch Weiterleiten und Weiterempfehlen im Internet verbreiten. In Deutschland wir der Begriff hingegen weiter gefasst, als Dachbegriff für alle Aktivitäten, die Mundpropaganda im Sinne des Marketing beeinflussen wollen. (Oetting, 2006a)

Langner definiert Virusmarketing als das gezielte Auslösen und Kontrollieren von Mund – zu – Mund – Propaganda. Die Bezeichnung „viral" ist der Medizin entlehnt: In Analogie zu einem biologischen Virus, der sich innerhalb einer Population ausbreitet, sollen Informationen über Produkte und Dienstleistungen innerhalb kürzester Zeit von Mensch zu Mensch getragen werden, sich expotentiell ausbreiten und zu einer sozialen Epidemie führen. (Langner, 2005, S. 25)

Direkter Kontakt zwischen Anbietern und Nachfragern findet dabei nur in der Initialphase statt. Die weitere Verbreitung geschieht über die Empfänger, die die Funktion von Zwischenhändlern einnehmen. (Helm, 2000)

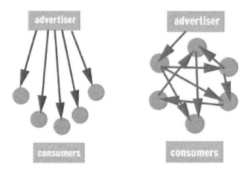

Abbildung 1: Klassisches versus virales Marketing. Quelle: Godin, 2000

2.2 Abgrenzung zu viraler Werbung

Virales Marketing ist nicht gleich virale Werbung. Marketing umfasst sämtliche Maßnahmen die man nutzt, um ein Produkt am Markt zu platzieren. Dazu gehören die Produkt- und Preisgestaltung, die Wahl des Vertriebsweges, Werbung und die Positionierung des Produktes. Virale Werbung hingegen bedeutet Werbebotschaften so zu gestalten, dass sie Anreiz bieten, von Mitgliedern einer Zielgruppe untereinander weitergeleitet zu werden. Beispiele hierfür sind Werbefilme im Internet oder Werbespiele die man weiterreichen kann. Dies ist allerdings nicht zu verwechseln mit Mundpropaganda für Marken oder Produkte. Bei viraler Werbung wirkt sich die Mundpropaganda nur auf den Bekanntheitsgrad und die Verbreitung des Kampagnenguts aus, nicht auf die beworbene Marke oder das Produkt. Ob eine Werbemaßnahme erfolgreich ist hängt nicht nur von ihrer Weiterleitungsrate ab, sondern vor allem davon, wie die Werbebotschaft wirkt. Zusammenfassend lässt sich sagen, dass virale Werbung keine Mundpropaganda ist, sie nutzt diese lediglich um selbst verbreitet zu werden. (Oetting, 2007)

2.3 Mundpropaganda

Mundpropaganda gilt im Zeitalter der Massenkommunikation noch immer als die wichtigste Form der menschlichen Kommunikation. (Gladwell, 2002, S.45) Durch den Informationsüberfluss der heutigen Zeit und der zunehmenden Werbemüdigkeit gegenüber herkömmlichem Marketing gewinnen Weiterempfehlungen und Erfahrungen bestehender Kunden an Bedeutung. (Parikhal & Weßner, 2006, S.14)

Mundpropaganda ist gezielt. Menschen erzählen ihren Freunden und Bekannten nur Dinge von denen sie glauben, dass es den anderen auch interessiert. Sie ist glaubwürdig, denn wenn Privatpersonen über Produkte und Dienstleistungen sprechen dann verbinden sie in der Regel keine finanziellen Interessen damit. (Oetting, 2006b, S.181)

Während Mundpropaganda und Kundenempfehlungen in der Fachliteratur oft als Synonyme behandelt werden, differenziert Langner zwischen Kundenempfehlungen und Gelegenheitsempfehlungen. Kundenempfehlungen resultieren aus einer innigen, teilweise langjährigen Beziehung zwischen Unternehmen und Kunde. Sie sind daher in Zahl und Art nur in geringem Umfang beeinflussbar und uninteressant für das virale Marketing. Gelegenheitsempfehlungen ergeben sich kurzfristig und situativ, was sie instrumentalisierbar und somit relevant für das Virusmarketing macht. (Langner, 2005, S. 28 f.)

Viral Marketing   Kundenempfehlungen

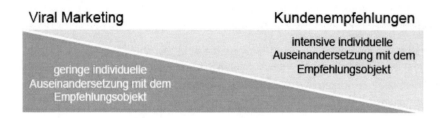

Abbildung 2: Viral Marketing versus Kundenempfehlungen. Quelle: Langner, 2005, S. 28

2.4   Der Net Promoter Score als Maß für Mundpropaganda

Unternehmenswachstum kann am treffendsten prognostiziert werden, indem man die Bereitschaft der Kunden zu positiver Mundpropaganda für das Unternehmen erfasst. (Oetting, 2006b, S.181)

Reichheld entwickelte den Net Promoter Score (NPS) als Messgröße für die Wahrscheinlichkeit, dass ein Kunde ein Unternehmen weiterempfiehlt. (Reichheld / Seidensticker, 2006, S. 18)

Das Prinzip dahinter ist, dass dem Kunden nur eine einzige Frage gestellt wird: „Wie wahrscheinlich ist es, dass sie uns einem Freund oder Kollegen weiterempfehlen?" (Reichheld / Seidensticker, 2006, S. 93)

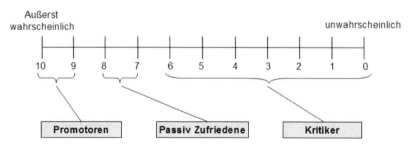

Abbildung 3: Skala zur Auswertung NPS – Frage. Quelle: Reichheld / Seidensticker, 2006, S. 29

Kunden lassen sich demnach drei Kategorien zuordnen:

- Promotoren: loyale und begeisterte Kunden, die immer wieder bei dem betreffenden Unternehmen einkaufen und ihre Freunde auffordern dies auch zu tun.
- Passiv Zufriedene: zufriedene aber nicht begeisterte Kunden.
- Kritiker: enttäuschte, verärgerte Kunden, die in einer schlechten Beziehung gefangen sind

Der Net Promoter Score lässt sich ermitteln, indem man vom Prozentsatz der Promoter den Prozentsatz der Kritiker abzieht. (Reichheld / Seidensticker, 2006, S. 18 f.)

2.5 Virusmarketing – Option oder Notwendigkeit

Das klassische Marketing befindet sich in einer Krise. (Godin, 2000, S. 24) Marktforschungen haben ergeben, dass sich viele Verbraucher von Werbung belästigt fühlen und dazu neigen, vom Kauf eines Produkts abzusehen wenn es zu aufdringlich beworben wird. (Zorbach, 2004, S. 10).

Werbemaßnahmen des klassischen Marketings sind unpersönlich und vom Empfänger nicht gewollt. (Godin, 2000, S.17) Godin verwendet daher den Begriff „Interruptions Marketing" und betont damit dessen störenden und unterbrechenden Charakter. Interruptions Marketing versucht, über Werbeagenturen als einzigen Vermittler, mit Werbung möglichst viele Menschen direkt zu erreichen, während diese versuchen sich der Werbung zu entziehen. Der Vorteil dieser Strategien besteht darin, dass das Unternehmen die volle Kontrolle über die Werbekampagnen hat. Der Nachteil ist, dass sie aufwendig und teuer sind. (Godin 2000, S.17 f.)

Individuen gewinnen Medienmacht und nutzen sie um Meinungen zu Produkten, Marken und Dienstleistungen zu streuen. (Oetting, 2006b, S. 184) Die Verbraucher beginnen, Marketingprozesse selbst in die Hand zu nehmen und können Unternehmen so schädigen aber auch unterstützen. Virale Kommunikation wird im Marketing zu einer zwingenden Notwendigkeit. (Oetting, 2006b, S.174 f.)

3 Soziologische Hintergründe

3.1 Das „Kleine Welt Problem"

Im Jahr 1967 führte der Psychologe Stanley Milgram ein Experiment durch, das zum Ziel hatte eine Hypothese zu überprüfen, nach der die Mitglieder eines jeden großen sozialen Netzwerks durch kurze Ketten vermittelnder Bekanntschaftsverhältnisse miteinander verbunden sind. Dazu wählte Milgram zufällig einige hundert in Nebraska und Kansas (USA) lebende Menschen aus und sendete ihnen einen Brief zu. Die Briefe sollten dann von den Empfängern im Bekanntenkreis weitergeleitet werden und hatten als Ziel eine ebenfalls zufällig gewählte Person in Boston. Milgram gab den Teilnehmern Informationen über die Zielperson, beinhaltend deren Namen, Adresse und Beruf. Die Empfänger hatten die Auflage, den Brief nur an Bekannte weiterzuleiten, die sie beim Vornamen kennen und von denen sie glauben, dass die Wahrscheinlichkeit, dass jene Bekannten die Zielperson kennen, höher ist als bei ihnen selbst. Milgram stellte fest, dass die durchschnittliche Länge der Ketten von Bekanntschaftsverhältnissen zwischen zwei beliebigen Personen in einem sozialen Netzwerk sechs beträgt. Die Ergebnisse des Experiments führten zu dem Begriff „six degrees of seperation" („sechs Grade der Trennung") (Watts et al.)

Gladwell greift eine weitere Erkenntnis dieses Experiments auf und nutzt sie für die Erklärung einer Gesetzmäßigkeit sozialer Epidemien:

Milgram fand heraus, dass die Ketten zwischen den Sendern und der Zielperson einem asymmetrischen Muster folgten. Von 24 Sendungen, die die Zielperson unter seiner Wohnanschrift erreichten, wurden 16 von derselben Person übereicht. Insgesamt wurden der Zielperson die Hälfte aller Briefe die ihn erreichten von nur drei Personen übergeben. (Gladwell, 2002, S.50)

Gladwell folgert daraus, dass eine kleine Anzahl von Menschen mit allen anderen über ein paar Schritte verbunden ist. Alle anderen Menschen stehen über diese kleine aber besondere Gruppe miteinander in Verbindung. In seinem „Gesetz der Wenigen" definiert er diese Menschen als „Vermittler". (Gladwell, 2002, S.50)

3.2 Superspreader und Meinungsführer

Der Erfolg jeder Art sozialer Epidemie hängt stark vom Engagement von Leuten ab, die über eine Anzahl besonderer gesellschaftlicher Fähigkeiten verfügen. (Gladwell, 2002, S. 50) Vermittlern ist es möglich, durch ihre zahlreichen sozialen Kontakte Ideen aufzunehmen und in viele Richtungen gleichzeitig zu verbreiten. Eine Idee oder ein Produkt, die einen Vermittler erreicht, hat mehr Chancen. (Gladwell, 2002, S. 69)

Langner definiert diese Gruppe von Menschen als „Superspreader" – Personen, die mit ihren Aussagen und Empfehlungen eine große Anzahl von Konsumenten erreichen. (Langner, 2005, S. 62)

„Man muss nur die richtigen Leute ansprechen, dann verbreitet sich eine Nachricht ganz von selbst." (Dambeck, 2004)

Meinungsführer kennen sich in einer bestimmten Leistungsart sehr gut aus und stellen für ihre Mitmenschen eine Autorität in diesem Fachgebiet dar. Für das Marketing sind sie bedeutende Multiplikatoren. (Langner, 2002)

Gladwell verwendet den Begriff „Kenner" und beschreibt diese Menschen als Informationssammler, die ihr Wissen gern mit anderen teilen. Sie wissen mehr als andere und verfügen über die gesellschaftlichen Fähigkeiten, eine Mund – zu – Mund – Propaganda in Gang zu setzen. Ihre Motivation ist es, die Aufmerksamkeit anderer zu erregen indem sie Menschen helfen. (Gladwell, 2002, S.76 ff.)

3.3 Innovationsausbreitung in sozialen Netzwerken

Befindet sich ein Mitglied einer interagierenden Gruppe in einer Entscheidungssituation, hängt die Entscheidung für eine bestimmte Auswahlmöglichkeit davon ab, wie viele Gruppenmitglieder sich vor ihm dafür entschieden haben und wie hoch seine Entscheidungsschwelle ist. Dabei entsteht ein Dominoeffekt: je mehr Gruppenmitglieder eine bestimmte Entscheidung treffen desto mehr Mitglieder mit höheren Entscheidungsschwellen werden aktiviert und treffen dieselbe Entscheidung. (Granovetter, 1978, S. 1424)

Gladwell verweist auf dieses Modell als Erklärung dafür, wie eine kritische Masse eine soziale Epidemie auslösen kann. (Gladwell, 2002, S. 19) Er verwendet den Begriff „Tipping Point" als den Moment an dem die kritische Masse erreicht ist. Alle Epidemien haben eine kritische Masse – jenen Punkt, an dem sich ein Produkt, eine

Innovation oder eine bestimmte Meinung innerhalb eines sozialen Netzwerks expotentiell ausbreitet. (Gladwell, 2002, S. 18 ff.)

4 Virales Marketing im Internet

4.1 Traditionelle Kundengespräche im Vergleich zu Online-Mundpropaganda

Virales Marketing ist grundsätzlich an kein spezifisches Medium gebunden. Mit der Entwicklung des Internets gewannen jedoch Diskussionen und Ideen über das gezielte Auslösen von Mund – zu – Propaganda wieder an Bedeutung. Grund dafür sind die hohen Geschwindigkeiten mit denen sich Botschaften im Internet expotentiell verbreiten können. Empfehlungen in der Offline- Welt sind durch die zur Verfügung stehende Zeit und Reichweite des Empfehlers begrenzt und erreichen so selten eine kritische Masse. (Langner, 2005, S. 29)

Durch das Internet und besonders seiner jüngsten Entwicklung kommt ein weiterer Aspekt hinzu: Während offline – Mundpropaganda meist nur flüchtig ist, hat nun fast jeder Mensch die Möglichkeit durch das Internet seine Meinungen und Erfahrungen an ein großes Publikum zu vermitteln und dauerhaft zur Verfügung zu stellen. Mundpropaganda wird im Internet archiviert. (Oetting, 2006b, S.182)

Aus Unternehmenssicht hat dies auch einen entscheidenden Vorteil gegenüber traditionellen Gesprächen unter Kunden: Unternehmen können diese Gespräche beobachten und daran teilnehmen und so Informationen über die Kundenbedürfnisse sammeln. (Helm, 2000)

4.2 Web 2.0 – Die Bedeutung der Entwicklung des Internets für die Unternehmenskommunikation

4.2.1 Die Charakteristika des Web 2.0

Web 2.0 ist „das demokratische Netz, an dem alle Teil haben und zu dem alle beitragen." (Stöcker, 2006)

Es gibt keine klare Definition darüber, was Web 2.0 konkret ist. (Panke, 2007, S. 2) Der Begriff Web 2.0 wurde im Jahr 2004 bei einer vom Verleger Tim O´Reilly veranstalteten Brainstorming - Sitzung geprägt. Eigentliches Ziel war es, die gemeinsamen Prinzipien von Unternehmen zu identifizieren, die den Dot.Com Crash überlebt haben und noch heute erfolgreich sind. Wie in der Softwarewelt impliziert der Begriff durch die Verwendung der Versionsnummer 2.0 eine Veränderung im Internet. (Alby, 2007, S. 15 ff.)

Obwohl es Kerntechnologien gibt, ist Web 2.0 keine Technologie sondern ein Konzept. (Kösch, 2005). Entscheidend ist das Zusammenspiel technischer Entwicklungen und sozialer Elemente. (Panke, 2007, S. 2)

O`Reilly sieht in Netzwerkelementen durch Nutzerbeteiligung den Schlüssel zur Marktdominanz in der Web 2.0 Ära. (O´Reilly, 2005)

Web 2.0 lässt sich zusammenfassend als Oberbegriff für ein neues Nutzerverhalten und eine neue Wahrnehmung altbekannter sowie bestimmter neuartiger Technologien charakterisieren. (Panke, 2007, S. 3)

4.2.2 Virale Effekte durch Weblogs

Ein Weblog, auch kurz „Blog" genannt, ist vergleichbar mit einem Tagebuch oder einem Journal das im World Wide Web veröffentlicht ist. Während die frühen Blogs vor allem Fundstellen im Netz und private Ereignisse behandelten, beschäftigen sich Blogs heute mit einer Vielzahl von Themen. Darunter auch „Watchblogs", die Medien oder Firmen kritisch beobachten oder „Corporate Blogs" von Firmen. Jeder mit Zugang zu einem Computer kann ein Blog schreiben. Darüber hinaus bieten viele Blogs dem Leser die Möglichkeit, Blogeinträge zu kommentieren, zu kritisieren oder weitere Aspekte des Themas aufzugreifen. In populären Blogs entstehen dadurch lebendige Diskussionen. Weitere besondere Merkmale von Weblogs sind „Trackbacks" und „Permalinks". Trackback informiert eine Blog – Software, wenn auf einen Eintrag des Blogs in einem anderen Blog Bezug genommen wird. Permalinks sind Webadressen unter denen jeder einzelne Eintrag permanent aufgerufen werden kann. Permalinks und Trackbacks haben zu einer guten Vernetzung der Blogs untereinander geführt, so dass sich neue Themen schnell ausbreiten können. (Alby, 2007, S.21 ff.)

Durch ihren hohen Vernetzungsgrad werden die Blogs auch von Suchmaschinen beachtet. Je beliebter deren Inhalte, desto mehr Links ziehen sie auf sich. Das verbessert das Google – Ranking was dazu führt, dass Inhalte bei einer Suche prominent erscheinen. (Oetting / Eck, 2005, S. 2)

Durch das Zusammenspiel von Kommentaren, Trackbacks und Suchmaschinen können Blogs virale Effekte auslösen. (Alby, 2007, S.32)

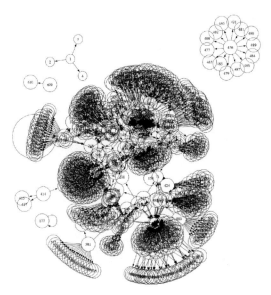

Abbildung 4: Visualisierung eines Ausschnitts der Verlinkung in der deutschen Blogosphäre.
Quelle: Alby, 2007, S. 30

4.2.3 Weblogs in der Unternehmenskommunikation

Die interessengerichtete Diskussion in der Blogosphäre, der Gesamtheit aller Weblogs, hat gleichzeitig Einfluss auf die Meinungsbildung in bestehenden Öffentlichkeiten. Diese Veränderungen im Kommunikationsverhalten fordern Marketingverantwortliche in der Wirtschaft auf, Chancen und Risiken von Corporate Weblogs frühzeitig zu erkennen und deren Vorteile im Wettbewerb umzusetzen. Angesichts der ständigen Informationsflut ist es gerade aus unternehmerischer Sicht wichtig, dass Meinungen über das Unternehmen beziehungsweise dessen Produkte nicht planlos und auf verschiedenen Kanälen kommuniziert wird. Ein Corporate Blog lädt zum öffentlichen Meinungsaustausch aller relevanten Beteiligten ein und erzeugt damit – was von besonderer Wichtigkeit ist – Glaubwürdigkeit. Die transparente Kommunikation in Blogs birgt allerdings auch das Risiko, dass negative Meinungen ungefiltert kommuniziert werden. Dabei ist es wichtig, negative Beiträge nicht einfach zu löschen, sondern Kritik als solche zu identifizieren und direkte Lösungsvorschläge zu geben. Der Kunde erhält somit das Gefühl, mit seiner Meinung erst genommen zu werden und einen Beitrag zu Verbesserungen im Unternehmen geleistet zu haben. (Eck, 2006, S. 204 ff.)

Die Blogosphäre sollte als Möglichkeit gesehen werden, potentielle und bestehende Kunden besser zu verstehen, die Benutzung von Produkten und Dienstleistungen im realen Leben nachzuvollziehen und Bedürfnisse wie auch Trends zu erkennen. (Alby, 2007, S. 41)

Für Unternehmen ergeben sich aus der Einführung eines Corporate Blogs zwei wichtige Punkte:

• Das Weblog als neues Instrument für die Marktkommunikation.

• Die Blogosphäre als Multiplikatoren – Öffentlichkeit mit der Macht, Meinungen über ein Unternehmen zu beeinflussen, zu formen und zu verbreiten. (Eck, 2006, S. 206)

4.3   Meinungsführer im Internet: Beispiel Ciao.de

Ciao.de bietet seinen Mitgliedern die Möglichkeit auf seiner Informationsplattform eigene Beiträge wie beispielsweise Meinungen, Erfahrungsberichte zu Themen, Produkten, Dienstleistungen und Personen abzugeben. Ciao verkauft die Berichte nicht, erlaubt es aber seinen Partnern die Berichte zu nutzen. (Ciao.de)

| Notebook | Digitalkamera | MP3-Player | Die Shopping Community | Handy | Camcorder | Monitor |

Produktsuche: [   ] [Suchen]

Mehr als 38 Millionen Besucher vertrauen jeden Monat auf die
Meinungen und Erfahrungen der Ciao Community

Produkt VIDEOS

Preisvergleich und Tests zu über 2 Millionen Produkten

Produktvideos!

Neu bei Ciao? - Mitmachen und Geld verdienen - Ciao Tour

Stöbern Sie durch die Kategorien

Auto
Autos, Autozubehör, Motorräder ...

Finanzen
Versicherungen, Kredite, Strom ...

Musik
Rock & Pop, Hip Hop, Klassik ...

Bücher
Belletristik, Sachbücher, Hörbücher ...

Games
PC Games, PS2, PSP, Xbox 360 ...

Reisen
London, Paris, Rom, Berlin ...

Computer
Drucker, Notebooks, Monitore ...

Haushaltsgeräte
Staubsauger, Waschmaschinen ...

Fernseher
LCD Fernseher, Plasma TV, Receiver ...

Elektronik
DVD Player, Beamer, MP3 Player ...

Internet
Online Shops, Auktionen, Provider ...

Telekommunikation
Handys, Schnurlostelefone, Fax ...

Filme

Kameras

Mehr ...

Abbildung 5: Webauftritt von Ciao.de

5 Resumé

Es wurde gezeigt, dass virales Marketing mehr ist als das Verbreiten amüsanter Werbespiele und Werbefilme. Gute Mundpropaganda entsteht durch zufriedene und begeisterte Kunden, die ihre Erfahrungen weiterreichen. Klassisches Marketing verliert an Effizienz, denn die Unternehmen sehen sich einer neuen „evolutionären" Entwicklung im Kommunikations- und Informationsverhalten ihrer Kunden gegenüber. Der Wandel des Internet von Content hin zur Partizipation lässt neue, organische Netzwerkstrukturen entstehen – kollektive Intelligenzen die Nachrichten epidemieartig verbreiten und die sich ihre eigene Meinung auf der Erfahrungsbasis ihrer Mitglieder bilden.

Virales Marketing ist ein logischer Schritt, diesen Entwicklungen zu begegnen.

Indem Unternehmen diesen Gemeinschaften Plattformen wie Corporate Weblogs zur offenen und transparenten Diskussion anbieten, haben sie die Chance an dieser vernetzten Kommunikation teilzuhaben. Kundenwünsche, Bedürfnisse und Trends können frühzeitig erkannt werden und in den Innovationsprozess einfließen. Corporate Weblogs ermöglichen es Unternehmen darüber hinaus, Einfluss auf kollektive Meinungsbildungsprozesse zu nehmen.

Die Verbreitung von Meinungen in einem sozialen Netzwerk geschieht nicht zufällig und gleichmäßig. Es wurde aufgezeigt, dass bestimmte Multiplikatoren eine soziale Epidemie auslösen. Vermittler und Meinungsführer haben einen großen Einfluss auf die Verbreitung und Adoption von Meinungen in sozialen Netzwerken. Mit dem Net Promoter Score lässt sich die Weiterempfehlungsneigung der Kunden ermitteln. Es gilt herauszufinden wer die „Promoter" sind und den Meinungsführern und Vermittlern unter ihnen eine Kommunikationsplattform zu bieten. Es kommt darauf an, die „richtigen Leute" zu finden, sie zu begeistern und zum Reden zu bringen.

Literaturverzeichnis

Alby, T. (2007): Web 2.0 – Konzepte, Anwendungen, Technologien. 2. aktualisierte Auflage. München: Carl Hanser Verlag

Ciao.de: Neu bei Ciao? Informationsseite über das Dienstleistungsangebot. http://www.ciao.de/faq.php/Id/2/Idx/1 (abgerufen am 28.05.07)

Dambeck, H. (2004): Mundpropaganda – Wie eine Botschaft Millionen erreicht. Artikel in Spiegel Online vom 17.02.2004. http://service.spiegel.de/digas/servlet/find/ON=SPOX-286678 (abgerufen am 28.05.07)

Eck, K. (2006): Weblogs in der Kundenkommunikation. In: Schwarz, T. & Braun, G. (Hrsg.): Leitfaden Integrierte Kommunikation – Wie das Web 2.0 das Marketing revolutioniert. Waghäusel: Absolit Dr. Schwarz Consulting, S. 201 – 213

Gladwell, M. (2002): Tipping Point – Wie kleine Dinge Großes bewirken können. 3. Auflage. München: Wilhelm Goldmann Verlag

Godin, S. (2000): Unleashing the Ideavirus. E – Book. http://www.sethgodin.com/ideavirus/downloads/IdeavirusReadandShare.pdf (abgerufen April 2007)

Granovetter, M. (1978): Threshold models of collective behavior. American Journal of Sociology, 91 (3), S. 1420 – 1443, online verfügbar unter: http://www.stanford.edu/dept/soc/people/faculty/granovetter/documents/ThresholdModels AJS1978.pdf

Helm, S. (2000): Viral Marketing – Kundenempfehlungen im Internet. http://www.competence-site.de/pr.nsf/DEEBA3FB817228C8C1256E380053850C/$File/artikel_viral%20marketing .pdf (abgerufen am 15.05.2007)

Kösch, S. (2005): Web 2.0. Aus Statik wird Remix. Aus Webseiten Mashups. Aus Usern Content. de:bug. 9 (98), S. 41 – 49. Online verfügbar unter: http://www.de-bug.de/share/debug98.pdf

Langner, S. (2002): Die Wahrheit über virales Marketing – Wie Sie Mund – zu – Mund Propaganda für ihre Webseite einsetzen. Artikel im Marke X Internet Marketing Magazin. Ausgabe 14, 05.02.2002. http://www.marke-x.de/deutsch/webmarketing/archiv/ausgabe_14_02_02.htm

Langner, S. (2005): Viral Marketing – Wie Sie Mundpropaganda gezielt auslösen und Gewinn bringend nutzen. Wiesbaden: Gabler Verlag

Langner, S. (2006): Viral Marketing – Mundpropaganda in der integrierten Kommunikation. In: Schwarz, T. & Braun, G. (Hrsg.): Leitfaden Integrierte Kommunikation – Wie das Web

2.0 das Marketing revolutioniert. Waghäusel: Absolit Dr. Schwarz Consulting, S. 215 – 232

O´Reilly, T. (2005): Was ist Web 2.0. http://twozero.uni-koeln.de/content/e14/index_ger.html (abgerufen am 20.05.07)

Oetting, M. (2006a): Was ist virales Marketing? http://www.connectedmarketing.de/cm/2006/01/was_ist_viral_m.html (abgerufen am 20.05.07)

Oetting, M. (2006b): Wie Web 2.0 das Marketing revolutioniert. In: Schwarz, T. & Braun, G. (Hrsg.): Leitfaden Integrierte Kommunikation – Wie das Web 2.0 das Marketing revolutioniert. Waghäusel: Absolit Dr. Schwarz Consulting, S. 173 – 195

Oetting, M. (2007): Mal wieder Viral Marketing und Guerilla Marketing in einem Topf. http://www.connectedmarketing.de/cm/2007/01/mal_wieder_vira.html (abgerufen am 16.05.2007)

Oetting, M. & Eck, K. (2005): Märkte sind Gespräche. Artikel auf www.handelsblatt.de vom 31.10.2005. http://www.handelsblatt.com/news/Default.aspx?_p=204016&_t=ft&_b=981996 (abgerufen am 17.05.2007)

Panke, S. (2007): Unterwegs im Web 2.0 – Charakteristiken und Potenziale. http://www.e-teaching.org/didaktik/theorie/informelleslernen/Web2.pdf

Parikhal, J. & Weßner, K. (2006): Kunden zu Markenbotschaftern machen. New Business, 35 (14), 03.04.2006, S.14 – 15. online verfügbar unter: http://www.competence-site.de/marketing.nsf/B14CF41F54E191CDC1257176003AB079/$File/viral_marketing_k unden_markenbotschafter_puls.pdf

Reichheld, F. & Seidensticker, F. – J. (2006): Die ultimative Frage – Mit dem Net Promoter Score zu loyalen Kunden und profitablem Wachstum. München u.a.: Carl Hanser Verlag

Stöcker, C. (2006): Zerreiß mich, kopier mich. Artikel in Spiegel Online vom 13.04.2006. http://www.spiegel.de/netzwelt/web/0,1518,411147,00.html (abgerufen am 20.05.2007)

Watts, D., Dodds, P. & Muhamad, R. (o.J.): Small World Project. Website eines Forschungsprojekts der Columbia University. http://smallworld.columbia.edu/description.html (Abgerufen am 15.05.2007)

Zorbach, T. (2004): Viral Clips verdrängen den guten alten Fernsehspot, io new management. o.Jg., (7-8), S. 10-13, online verfügbar unter: http://www.vm-people.de/img/gfx/io_7_010_zorbach.pdf